# DES CITOYENS

# VOYER-D'ARGENSON,

## CHARLES TESTE ET AUGUSTE MIE.

*Prévenus*

D'AVOIR EXCITÉ LE MÉPRIS ET LA HAINE CONTRE UNE CLASSE DE PERSONNES, ET D'AVOIR PROVOQUÉ A LA GUERRE CIVILE, ETC.

**Paris,**

ADOLPHE HAVARD, ÉDITEUR,

RUE DE SEINE, 36.

—

1834.

IMPRIMERIE DE L.-E. HERHAN,
380, r. St Denis.

# PROCÈS

## DES CITOYENS

# VOYER-D'ARGENSON,

## CHARLES TESTE ET AUGUSTE MIE,

### PRÉVENUS

D'AVOIR EXCITÉ LE MÉPRIS ET LA HAINE CONTRE UNE CLASSE DE PERSONNES, ET D'AVOIR PROVOQUÉ A LA GUERRE CIVILE, ETC.,

*Acquittés par la Cour d'assises de la Seine.* — 2e Section.

---

## Présidence de M. CHAMPANHET.

Cette affaire avait attiré un très grand concours d'auditeurs.

M. Berville, premier avocat-général occupe le fauteuil du ministère public;

La défense des accusés est confiée à Me Michel de Bourges. La cause avait été jointe à une autre qui n'avait aucun rapport avec elle. Dès le début de l'audience, Me Michel a demandé et obtenu la disjonction.

Le greffier donne lecture de l'acte d'accusation et d'une analyse de la lettre de M. Voyer-d'Argenson à M. le procureur-général, par laquelle, en se déclarant auteur de l'écrit incriminé, il demandait d'être mis en cause.

Le président a expliqué comment l'acte de renvoi devant la cour ne comprenant d'abord que les prévenus Ch. Teste et Auguste Mié, on avait cru néanmoins devoir obtempérer à la demande de M. Voyer-d'Argenson, et le citer à cette audience.

M. Voyer-d'Angenson se plaint de ce qu'on ne donne pas aux jurés communication de sa lettre. Après quelques observations échangée, le président offre d'en donner lecture lui-même; mais le prévenu l'en dispense, se réservant d'expliquer les motifs de sa réclamation.

Quelques journaux avaient dès la veille fait connaître cette lettre. La voici :

Paris (rue du Rocher n. 58), le 14 décembre 1833.

Monsieur le procureur-général,

Par son arrêt du 10 novembre dernier, la cour royale a renvoyé devant la cour d'assises de la Seine M. Charles-Antoine Teste, comme prévenu d'avoir vendu et distribué un écrit intitulé : *Boutade d'un Riche à sentimens populaires.*

En exécution de cet arrêt, M le président des assises pour le 2e trimestre a rendu une ordonnance en date du 5 décembre courant, à fin de citation de M. Charles Teste devant la cour d'assises de la Seine, le 12 de ce mois.

Enfin, en vertu de cette ordonnance, vous avez assigné M. Teste à comparaître ledit jour, 24 du courant, devant le jury de la Seine.

Je vous déclare, monsieur le procureur-général, que l'écrit incriminé est mon ouvrage, que j'entends en prendre toute la responsabilité; j'espère que d'après cette déclaration, et la loi nouvelle vous en donne le droit, vous me citerez directement devant la cour d'assises pour y répondre conjointement avec M. Teste, ou plutôt exclusivement à lui, de l'écrit que vous poursuivez.

Comme en toutes choses il faut rendre hommage à la vérité, j'ajoute que l'écrit n'a point reçu de publicité, ainsi que l'a déjà déclaré M. Teste, par le motif seulement que l'exécution typographique en était détestable, et que l'intitulé de l'écrit n'est point mon ouvrage, non plus que l'annonce de librairie qu'on lit à la fin.

Ceci convenu, l'écrit renferme, non une boutade de ma part, mais la pensée bien arrêtée de toute ma vie et l'expression sincère et réfléchie de mes sentimens.

J'ai l'honneur, monsieur le procureur-général, de vous saluer.

Signé : Voyer-d'Argenson.

*P. S.* — D'après l'observation que vous me faites, M. le procureur-général, que l'assignation qui me serait donnée ne pourrait plus être faite dans le délai de la loi, j'ai l'honneur de vous déclarer que je renonce, sous ce rapport, au bénéfice qu'elle m'accorde.

Signé : Voyer-d'Argenson.

Après les formalités d'usage et les questions ordinaires sur les noms, prénoms, âges, professions et domiciles des prévenus, le président procède ainsi à leur interrogatoire.

M. le président. — M. Voyer-d'Argenson, reconnaissez vous être l'auteur de l'écrit incriminé intitulé : *Boutade d'un riche à sentimens populaires!*

R. Je me reconnais auteur de cet écrit, j'en accepte toute la responsabilité et je me propose d'en développer et d'en défendre tous les principes devant MM. les jurés. Seulement je dois vous dire, comme je l'ai déclaré dans ma lettre à M. le procureur-général, que je suis tout-à-fait étranger au titre de l'écrit, ainsi qu'à l'annonce de librairie qui est placée à la fin.

D. Avez-vous contribué à la livrer à la publicité ?

R. Quand cet écrit fut imprimé, je fus frappé des nombreuses fautes typographiques qui y fourmillent et j'engageai alors mon ami Ch. Teste, qui s'était chargé de le faire imprimer, à ne pas le répandre. Au reste ce n'est pas comme excuse que je parle ici de la non publication; car si elle était constatée, j'en réclamerais aussi toute la responsabilité.

M. le président : Prévenu Teste, reconnaissez vous avoir fait imprimer publier ou vendre l'écrit incriminé ?

R. Quand mon ami M. Voyer-d'Argenson me confia son manuscrit, j'étais indisposé; ne pouvant pas moi-même m'occuper de l'impression, je confiai ce soin à M. Symon jeune, qui trouva un imprimeur. Lorsque l'ouvrage me fut remis, je fus contrarié des mutilations qu'il avait éprouvées et des imperfections typographiques qui le défiguraient; je reconnus dès lors l'impossibilité de le répandre et de remplir par conséquent les intentions de l'auteur et les miennes qui étaient de lui donner toute la publicité possible.

D. Ainsi vous n'en avez distribué ni vendu aucun exemplaire ?

R. Non, M. le président; cependant je dois dire que s'il s'en trouve quelques exemplaires entre les mains du ministère public, ils ont pu être pris chez moi, sous une table, où je les avais jetés, par quelques-unes des personnes qui viennent me voir; mais ce serait à mon insu, car chaque fois que mes amis m'en demandaient, je les leur refusais en leur montrant par les corrections que j'y faisais quelquefois, soit au crayon, soit à la plume, combien l'exécution en était défectueuse.

Auguste Mie, interrogé à son tour déclare qu'étant détenu à Sainte-Pélagie, il n'a eu aucune connaissance de cette impression qui a été exécutée en son absence par les personnes qui le remplaçaient; qu'à cause de cela il ne peut préciser quel est le nombre des exemplaires tirés, qu'il croit avoir été de 1,000 à 1,200.

MM. Symon et Baudement, cités comme témoins, sont entendus et confirment la déclaration du prévenu Teste, qui renonce à l'audition de deux autres témoins.

M. l'avocat-général prend la parole. Il commence son réquisitoire par un pompeux éloge du patriotisme de M. Voyer-d'Argenson, et des nombreux services qu'il a rendus à la cause populaire.

Il lit ensuite l'écrit incriminé ainsi conçu :

## BOUTADE D'UN RICHE A SENTIMENS POPULAIRES.

« Quand je vois le peuple s'insurger pour réclamer une misérable augmentation de salaire, s'exposer à toute l'atrocité des lois inventées contre lui par les aristocrates, pour faire ce qu'on a appelé, à Anzin, l'émeute de quatre sous, s'assembler à Paris sur les places et aux barrières, s'organiser hiérarchiquement pour contraindre les maîtres à assujettir l'ouvrier à quelques quarts d'heure de travail de moins, verser son sang à Lyon pour une chétive amélioration dans les tarifs, je ne puis me défendre d'un sentiment profond de tristesse et de pitié.

Toute richesse vient du travail et ne peut avoir d'autre origine. Il n'y a pas un produit naturel, qui n'ait besoin de travail pour être approprié à l'usage de l'homme. Si je veux manger un fruit, il faut que je le cueille; si je veux me chauffer ou faire cuire mes alimens, il faut que j'abatte l'arbre; si je veux me nourrir de la chair des animaux, il faut que je les élève ou que je les poursuive à la chasse.

La somme des produits annuels obtenus par le travail d'une nation se partage en intérêts de capitaux, en loyers de terre et en salaires. On est convenu de prendre les espèces monnoyées pour mesure de la valeur de ces produits.

Supposons, sans attacher plus d'importance qu'elle n'en mérite à l'exactitude du calcul, que la valeur totale des produits, que la nation française obtient annuellement par le travail, soit de huit milliards.

Si l'on retranche des trente et quelques millions d'habitans de la France, les riches, les salariés publics, les vieillards et les infirmes, les femmes qui ne peuvent se livrer au travail (ou ce qui revient au même, un nombre de femmes équivalent à la quantité d'heures, de jours ou de mois pendant lesquels les plus laborieuses d'entre elles sont hors d'état de travailler), et enfin les jeunes enfans, on trouvera que c'est élever bien haut le nombre des travailleurs, que de porter ce nombre à quinze millions.

Ainsi, c'est à ces quinze millions de travailleurs que la patrie est redevable de son revenu annuel de huit milliards.

Si l'on suppose que chacun de ces travailleurs gagne par année un salaire moyen de quatre cents francs, supposition qui excède indubitablement la réalité, on trouve que sur les huit milliards de produit annuel, les salaires enlèvent six milliards.

On peut contester ces données, on peut proposer d'autres aperçus; mais ce qu'on ne pourrait nier, c'est que sur ce produit brut du travail, les possesseurs de terres, de maisons et de capitaux prélèvent le prix de leurs loyers. Si je n'évalue qu'au quart le produit brut de la somme de ces loyers, je reste certainement au-dessous du vrai. Ce quart va grossir annuellement le pécule du riche. En le portant à deux milliards, je répète que j'abandonne à la controverse la précision du calcul. Il me suffit que l'on reconnaisse qu'il existe un excédent et que cet excédent est considérable.

Ces deux milliards ou plus, à qui sont-ils dévolus? Aux riches et aux oisifs, sous le nom de loyer de terre, loyer de maisons et intérêts de capitaux. Et à quel titre? Parce que sous tous les régimes et sous des noms différens, ils se sont arrogé le droit de faire les lois et de sophistiquer la morale : parce qu'ils ont dit :

*Cet excédent est à nous. Dieu l'a voulu ainsi; et nos juges, nos soldats et nos bourreaux sont là pour prêter main-forte à la volonté de Dieu* (1).

Mais ce n'est pas tout. Croit-on que le travailleur ait la permission de jouir sans déchet de la part qui lui reste sur le produit de son travail? On serait dans une profonde erreur.

Et d'abord, c'est la véritable loi de Dieu, c'est la vraie morale, qui lui imposent l'obligation de nourrir et d'entretenir cette classe de femmes, de vieillards, d'infirmes et d'enfans, qui lui appartiennent dans les quinze millions que nous venons de retrancher du nombre des travailleurs. C'est sur son salaire, rien que son salaire, qu'il accomplit cette obligation sacrée.

Est-ce tout enfin?... Vous êtes bien impatient. La nation paie environ 1200 millions de contributions publiques. Est-ce que vous auriez la bonhomie de croire que les riches, qui font les lois, en paient leur part? Ils ne sont pas si dupes. Ne possèdent-ils pas la majeure partie des capitaux fonciers et mobiliers et de tous les produits alimentaires? Quand ils les louent ou qu'ils les revendent au peuple, ils ont grand soin d'ajouter à leur prix naturel la petite part de l'impôt qu'ils ont avancée pour l'obtenir, et se faire ainsi rembourser leur impôt. Supposez un champ de blé qui a produit 500 boisseaux, supposez que chaque boisseau revienne à son propriétaire à 25 sous, tous frais faits, et location de terre payée; supposez que la part de l'impôt foncier, que ce boisseau a supportée, est de deux à trois sous. Le vendeur saura bien ajouter cette part d'impôt au prix principal, et même un peu par delà, crainte de se tromper. Il en est de même du vin, du bois, de la viande et des produits des fabriques.

Mais, si le peuple ne payait sur ses salaires que son propre impôt, celui des femmes, des enfans, des vieillards, des infirmes et enfin celui des riches, c'est-à-dire, la totalité de l'impôt, il serait encore bien mieux traité qu'il ne l'est en effet.

Les riches ne paient pas d'impôt, c'est convenu, mais ils avancent la partie de cet impôt qui est assise sur les capitaux fonciers et mobiliers; or voilà le beau de l'affaire : vous allez voir comment ils en font une source de profits.

Certains d'entre eux disent aux autres, qui avec eux font les lois : « Vous le voyez, nous ne vendons notre blé que tout juste ce qu'il faut pour en retirer le prix qu'il nous coûte, plus un assez joli loyer de nos terres, plus notre impôt et bien peu par delà. Il vous serait bien facile de nous aider à gagner davantage. Dites qu'il faut protéger l'agriculture, qu'elle supporte de trop lourds impôts; mettez une taxe sur les blés qui viennent de l'étranger : alors nous vendrons le nôtre plus cher, et nous reprendrons, par ce moyen, au peuple, quelque chose de ce salaire que nous sommes forcés de lui donner pour avoir son travail, ce qui est fort désagréable

Volontiers, disent les autres riches qui font les lois, mais à la condition que vous en ferez autant en notre faveur, nous qui vendons les bestiaux, ou ce qui est la même chose, qui louons nos terres à de petites gens, qui élèvent ces bestiaux et paient nos fermages avec ce qu'ils gagnent.

D'accord, disent à leur tour ceux des riches qui font aussi des lois, et dont la richesse consiste en forêts, mais à charge de réciprocité; vous êtes trop polis pour nous refuser le moyen de faire payer au peuple le bois dont il a besoin, beaucoup plus cher qu'il ne vaut : C'est bien aisé : défendez d'introduire en France le fer, le verre, la fayence de l'étranger, enfin tous les produits obtenus par le moyen du feu. Il faudra bien, coûte que coûte, payer notre bois à tout prix pour produire ces substances en France. Et puis, d'ailleurs, voilà nos camarades les manufacturiers qui font aussi les lois avec nous, et nous partagerons ensemble les profits que cette honnête opération nous fera faire sur le salaire de ce diable de peuple. »

Les producteurs de vers à soie, les fabricans d'étoffes, qui mettent en œuvre

(1) Omission importante dans la première impression, rétablie sur l'exemplaire saisi de la main du prévenu Teste.

leurs cocons, les raffineurs de sucre et je ne sais combien d'autres, viendront tous à la curée, et feront aussi leur marché; car ils font aussi des lois.

Il ne faut pas oublier ces capitalistes qui ne possèdent, avec leur portefeuille, que de belles maisons de ville et de campagne; ceux-là n'ont rien à vendre, rien à louer, mais il font aussi des lois; et Dieu nous préserve de les mécontenter! On fera leur part au moyen de bons emprunts publics où ils doubleront, tripleront leurs capitaux en deux ou trois ans; on passera avec eux des marchés d'entreprises, à la guerre, aux travaux publics; on créera des monopoles de banque, de sel, de tabac; on leur confiera le maniement des finances de l'Etat, car les finances de l'Etat, c'est le peuple qui les alimente, soit indirectement, lorsqu'il rembourse au riche le prix de ses avances, soit directement, par les droits d'entrée, ceux sur le sel ou les boissons, portes et fenêtres, impôt personnel, etc. Conséquemment les profits, qui se font aux finances, ne se prennent que sur les salaires du peuple.

Après les gros riches qui font les lois, viennent les petits riches qui font les réglemens municipaux; ceux-là feront des tarifs d'octroi, administreront les revenus des villes et n'y perdront pas leur temps.

Et si l'on venait à raconter comment, dans la législation politique, financière, civile et commerciale, tout est conçu de manière à donner exclusivement crédit à l'État, ainsi qu'à la richesse financière et mobilière, à anéantir tout crédit personnel en faveur duquel on n'a su inventer que la barbare contrainte par corps, on entreverrait, sans pouvoir le supputer, quelles énormes sommes sont extorquées au pauvre et reprises sur son misérable salaire, soit par les Monts-de-Piété, soit par l'usure privée, soit surtout par l'énorme disproportion entre les prix de détail qu'il subit et le véritable prix des marchandises; disproportion qui s'accroît indéfiniment quand il est contraint d'acheter non seulement en détail, mais en détail et à crédit.

Si l'on parlait de la conscription, si légère au riche, si désastreuse au pauvre, si on la poursuivait dans ses effets sur le sort de la famille entière et dans la cabane et dans les faubourgs;

De l'inscription maritime que le riche ne connait pas;

Si, après avoir considéré moralement tout ce que le contraste de l'opulence et de la misère, du privilége et de l'injustice fait commettre de crimes, de délits et de contraventions, on évaluait à prix d'argent ce qu'il en coûte aux familles en frais de justice et en perte de temps; et l'administration avec ses exigences, et la police avec sa surveillance, ses passeports, ses livrets, on finirait par se demander comment il se peut qu'il reste quelque chose aux travailleurs sur leurs salaires, et s'il est permis de croire qu'ils conservent seulement le tiers des six milliards dont je les ai, tout-à-l'heure, beaucoup trop généreusement dotés.

On se sent alors impérieusement dominé par le besoin de dire au peuple :

« Vous manquez à tous vos devoirs envers Dieu, envers vous même, envers » vos femmes, les auteurs de vos jours, s'ils vivent encore, et surtout envers » vos enfans, si, après un soulèvement suivi de succès, vous êtes assez lâches » ou assez ignorans pour vous borner à exiger une amélioration de tarif ou une » élévation de salaire; car ceux-ci, fussent-ils triplés, ne représenteraient pas encore votre portion virile dans l'héritage social; et de plus, tant que vous laisserez les riches en possession de faire seuls les lois, quelques concessions qu'ils » vous fassent, ils sauront bien vous les reprendre avec usure. »

Après la lecture de cet écrit, l'orateur du ministère public a surtout insisté sur le délit de publication et a paru s'attacher principalement à obtenir un verdict de condamnation contre M. Teste qui lui semblait avoir seul coopéré à la publication de l'écrit. On a été frappé de l'adresse avec laquelle M. l'avocat-général cherchait à insinuer à MM. les jurés que, malgré la déclaration positive de M. Voyer-d'Argenson, celui-ci n'en était point réellement l'auteur, parce que, disait-il, il n'y reconnaissait point son style habituel.

Il se livre ensuite à quelques considérations générales sur les principes développés dans l'écrit incriminé, et termine par un rapprochement entre le premier et le dernier paragraphes d'après lequel il persiste dans l'accusation contre les prévenus Voyer-d'Argenson et Teste; et quant à Mie, attendu sa détention au moment de l'impression, il s'en rapporte à la sagesse du jury.

Le citoyen Voyer-d'Argenson prend la parole (Mouvement marqué d'attention, profond silence) :

Messieurs les jurés,

Je ne reviendrai pas sur les faits de publication, qui ont été suffisamment éclaircis. J'ai fait connaître les motifs qui m'auraient fait *désirer* (c'est l'expression dont je me sers à dessein) que la publication n'eût pas lieu. Ces motifs ne sont pas présentés à titre d'excuse, ainsi que semblerait l'avoir indiqué le ministère public : ils se rapportent exclusivement au titre, qui n'est pas de moi, à une annonce de librairie, et à l'énormité des fautes typographiques. Il en est un autre cependant que je n'ai pas encore présenté : il résulte d'une circonstance survenue peu après, et qui me fit persévérer dans ce dessein.

Le pouvoir se mit à prendre de l'ombrage de certains pourparlers entre les ouvriers, à l'occasion de leurs salaires. Mon écrit ne les leur déconseille pas, il est vrai; mais en les avertissant qu'ils auraient quelque chose de mieux à prétendre, il pouvait sembler avoir pour but indirect de détourner leur attention du premier objet. Dès lors, je risquais de donner à la publication de mon écrit un faux air de famille avec les pratiques de la police, et vous concevez tous, messieurs, combien j'aurais eu lieu d'en être affligé.

Quant à la pensée générale de mon écrit, elle repose sur deux vérités d'observation : l'une, que toute richesse vient du travail; l'autre, que l'esprit d'appropriation est insatiable de sa nature, et que (abstraction faite du frein moral, qui, malheureusement, exerce si peu d'empire sur les hommes en général) il ne s'arrête aux bornes de la justice que s'il rencontre une force contraire qui le contienne.

Toute richesse vient du travail, et cependant, par une inconséquence incompréhensible, depuis que cette vérité a été portée au plus haut degré d'évidence, c'est, dans le mécanisme de nos pouvoirs politiques, le travail seul qui n'est pas représenté; car personne n'ignore que la première, et à peu près la seule condition requise pour exercer les droits politiques du premier degré, c'est d'être oisif.

Toute richesse vient du travail; et cependant cette propriété, la plus sacrée de toutes, n'est en quelque sorte considérée que comme un domaine public dans lequel chacun puise à discrétion, non en raison de ce qu'il y appporte, mais en proportion de sa part de pouvoir ou de capitaux.

Nous avons tous lu dans le *Moniteur* bien des débats législatifs et des ordonnances; nous avons vu former bien des commissions, discours, ordonnances sur le crédit public, sur les impôts, sur les pensions, sur les intérêts industriels et commerciaux, sur les lois céréales, les fers et les sucres. Avez-vous jamais vu, messieurs les jurés, la pensée politique se fixer un instant sur la nécessité de rétribuer le travail conformément à la justice? Avez-vous vu instituer une commission d'enquête sur la condition des ouvriers, sur leurs salaires, sur les épargnes qu'ils peuvent faire et sur les moyens d'atténuer, si ce n'est de détruire, les causes de la misère qui les attend sur leurs vieux jours; en sorte que la classe des indigens, des pauvres et des mendians se compose presque tout entière d'ouvriers émérites et de leurs familles?

Messieurs, une pareille enquête révélerait de terribles vérités, et propres à bouleverser ce qui se nomme aujourd'hui l'ordre social. Je veux croire que ce n'est pas la terreur de ces révélations et de leurs conséquences, si l'on n'y portait un prompt remède, qui a empêché de faire cette enquête. Eh! mon Dieu non! c'est à une raison bien moins compliquée qu'il faut l'attribuer! c'est tout simplement parce que personne n'y a songé. On songeait à tout le contraire, dans la plupart des commissions dont je vous parle : on songeait à diminuer le prix de la main d'œuvre, à modérer ce qu'on appelle en jargon technique le prix du *revient*, afin disent les habiles, de soutenir la concurrence étrangère et de faire pencher, en faveur de la France, la balance du commerce; ce qui signifie en langue vulgaire faire sur les consommateurs et les gens qui travaillent le plus de profit possible.

Si l'on me demande maintenant d'où provient cette vive sollicitude pour les intérêts de la classe qui possède, et cet oubli total de ce qui est dû à celle qui travaille, je répondrai par la deuxième de mes propositions, c'est qu'il est dans la nature de l'homme de s'approprier tout ce qu'il peut atteindre, et de ne s'arrêter que devant une force égale à la sienne.

Cette force égale, dans la question qui nous occupe, c'est le droit de suffrages.

Attendre de la classe qui le possède aujourd'hui exclusivement, et qui l'exploite si utilement pour ses intérêts privés, qu'elle le partage avec celle aux dépens de qui elle l'exerce, c'est, messieurs les jurés, se bercer de chimères. J'ai longtemps eu la faiblesse d'y croire, et, dans ma modeste carrière politique, je ne me suis pas fait faute d'exhortations à ce sujet. Apprenant en province la magnifique révolution de juillet, je me hâtai d'écrire à M. Guizot, alors ministre de l'intérieur, que le moment était venu d'émanciper les classes laborieuses, et de s'occuper chaleureusement de leurs intérêts. Dès le 8 août de la même année, je publiai un écrit dans le même but, avertissant les riches que leur intérêt, leur propre bien-être, s'ils étaient insensibles à la voix du devoir, leur prescrivaient de consentir à de larges sacrifices en faveur des classes laborieuses. Peut-être quelques personnes se souviendront-elles encore que j'ai parfois tenu le même langage dans les chambres. Tout le fruit que j'en ai recueilli, ça été d'être traité de brouillon, de factieux, de visionnaire; et aujourd'hui que, las de parler à des sourds, je ne fais que répéter les mêmes vérités en les adressant à ceux qui on le droit de les connaître, on me qualifie de provocateur de désordres, et l'on me traduit en cour d'assises.

Non, messieurs les jurés, je ne suis ni un broillon, ni un factieux, ni un provocateur de désordres, et il me semble que je ne suis pas un visionnaire. Je crois que, dans les matières politiques, il y a des règles de justice qui doivent être aussi rigoureusement observées que celles de la justice privée. Je crois que ces règles se modient et s'épurent en proportion des progrès de la raison publique, et qu'ainsi, par exemple, tel, parmi les anciens, pouvait se croire homme de bien, quoique possesseur d'esclaves; tel, dans les temps de féodalité, remplir consciencieusement plusieurs de ses devoirs, et ignorer qu'il n'était qu'un malfaiteur, puisqu'il disposait de ses serfs comme de son bétail, tandis que ces mêmes hommes seraient de nos jours dignes de tous les mépris. Il en est de même de certaines vérités morales renfermées dans l'économie politique, que trouvent facilement ceux qui les cherchent, et qui leur signalent l'injustice, l'iniquité, et jusqu'à l'homicide, soit dans l'assiette de certains impôts, soit dans certaines pratiques administratives réputées innocentes, par l'ignorance jadis, aujourd'hui par la mauvaise foi

Par suite de ce qui précède, je crois, messieurs les jurés, que depuis l'époque qu'on appelle l'ère américaine, où furent proclamés les droits de l'homme (mal observés dans ce pays envers les noirs, et transportés jusqu'ici sans fruits dans notre Europe), il n'est plus permis à personne de croire que le droit de suffrage politique puisse se restreindre arbitrairement au gré du Bulletin des Lois. Je crois qu'il n'y a d'institutions et de lois que celles qui sont votées par tous, et dès lors dans l'intérêt de tous. Je prévois avec confiance et satisfaction toutes les conséquences de ce principe, c'est-à-dire une révision sociale profonde, vaste, réparatrice, ayant pour base et pour but l'égalité; et comme ce vœu, cette prévision, ne sont point une rêverie de mon imagination, comme elles ne sont au contraire pour moi que le résultat de convictions et de déductions morales, je considère comme un devoir de m'adjoindre d'intention et de fait, quand je le puis, aux efforts qui tendent à ce résultat, ainsi que de le provoquer, précisément et selon les règles de la plus simple probité vulgaire, comme je provoquerais au besoin un père à chérir également tous ses enfans, un fils à respecter ses parens, un citoyen à ne causer de préjudice à personne.

Vous dire, messieurs les jurés, que je crois en cela accomplir un devoir, c'est vous dire en même temps que je crois en avoir le droit; car, s'il est un droit incontestable, c'est bien celui de faire son devoir.

Cependant il faut reconnaître que bien souvent le droit absolu rencontre un formidable ennemi dans le droit positif. Votre conscience, libre de toute entrave, peut, MM. les jurés, apprécier mon action selon les règles de l'un ou de l'autre de ses droits ; dans le cas où elle les trouverait ici en contradiction, et s'il arrivait après tout que me jugeant coupable d'avoir transgressé je ne sais quel droit positif, vous vinssiez à le déclarer, je supporterais ma condamnation sans murmure, non que j'aime l'éclat, ma vie entière en dépose et je me trouve très involontairement conduit à ce procès ; non que j'ambitionne les honneurs d'une punition trop supportable, quelque prolongée qu'elle puisse être, pour s'appeler un martyre; mais tout simplement parce que je me suis depuis long-temps familiarisé avec les conséquences possibles de mes doctrines et de ma conduite politique, et parce que ce ne serait pas une médiocre consolation des gênes et des privations que je pourrais avoir à endurer que de les devoir à mon zèle pour la cause de tant de millions de citoyens, mes égaux, mes amis et mes frères, qui naissent, vivent et meurent sous le poids perpétuel et héréditaire de gênes et de privations bien autrement insupportables.

Ce discours, écouté avec une attention soutenue, a été accueilli par de nombreux applaudissemens.

M. le président, avec force et frappant sur son bureau :

« Toute marque d'approbation ou d'improbation est sévèrement interdite. » Gardes municipaux, sergens de ville, si ces interruptions se renouvellent, saisissez les interrupteurs, amenez-les devant la cour; elle en fera justice sur-le-» champ. »

Le calme étant rétabli, le citoyen Teste prend la parole :

Messieurs les jurés,

C'est la première fois que je parais comme accusé devant un jury, devant un tribunal quelconque. Jamais je n'eus de procès.

Deux fois seulement, et cela depuis trois ans, j'ai comparu, comme simple témoin, par-devant cette même cour, dans deux affaires politiques. On m'y fit prêter serment de dire *toute la vérité*, et cependant on m'y ferma la bouche dès que je voulus la faire connaître toute entière.

Jugez par là de la défiance que j'apporte en cette enceinte, surtout lorsque je réfléchis que c'est pour avoir voulu participer à la propagation de bonnes et bien utiles vérités que je me trouve aujourd'hui sur ce banc.

J'y suis amené comme prévenu : « 1° d'avoir cherché à troubler la paix publique en excitant le mépris et la haine des citoyens contre une classe de per» sonnes; 2° d'avoir provoqué à un attentat ayant pour but d'exciter la guerre » civile en portant les citoyens ou *habitans* à s'armer les uns contre les autres, » sans que ladite provocation ait été suivie d'aucun effet. »

Et cela pour avoir fait imprimer et pour avoir eu l'intention de répandre un petit écrit de trois pages et demie intitulé : *Boutade d'un riche à sentimens populaires*.

S'il ne s'agissait ici que de moi, être isolé, ne tenant à votre société, telle qu'elle est constituée, par aucun des liens qui devraient unir les hommes entre eux, je me bornerais à vous dire quelle place j'y occupe maintenant; et peut-être, du rang privilégié où vous êtes placés, ne jetteriez-vous sur moi qu'un regard de dédain. En effet, bien que je pusse rappeler quinze années de bons et loyaux services pour mon pays, dans un temps où, tout aussi faussement qu'aujourd'hui, on nous assurait que nous avions une patrie, je suis rentré, à ma grande satisfaction, dans le rang de ceux qu'on appelle improprement *prolétaires*. Je ne suis ni éligible, ni électeur, ni même citoyen, dans l'acception que vos lois donnent à ce mot. Je suis tout bonnement, comme le dit l'article invoqué contre moi dans l'acte d'accusation, l'un des *habitans*, ou mieux encore l'un de ces parias, qui, supportant toutes les charges du pays, n'y exercent aucun droit, absolument aucun.

Mais ce n'est pas de moi qu'il s'agit, c'est de l'écrit imprimé. Avant que M. Voyer-d'Argenson s'en fût déclaré l'auteur, j'en avais assumé toute la responsabilité, parce qu'il y a entre lui et moi une parfaite identité de principes et une entière sympathie de sentimens. Aujourd'hui, qu'il est en cause, il vous a donné l'explication de toute sa pensée, qui est aussi la mienne, et vous avez gagné beaucoup à l'entendre de la bouche de ce respectable citoyen.

Je n'ai contribué à la rédaction de cet écrit que par le titre que je lui ai donné. Ce titre est en effet de moi, et certes ce n'est pas une trouvaille. J'avouerai même qu'il n'est pas tout-à-fait convenable. Je fus porté à ce choix bizarre, parce que je savais que c'était réellement un homme possédant de grandes propriétés territoriales qui s'adressait aux riches et qui leur montrait le droit chemin, et que de plus, pour les convertir à la cause du peuple, il leur parlait franchement et ne s'étayait point du mensonge, si souvent mis en usage dans les publications quotidiennes.

En lisant, il y a près de six mois, le manuscrit qu'il m'avait communiqué, je fus vivement frappé de la clarté avec laquelle j'y trouvai développés les sentimens que je porte dans mon cœur depuis ma plus tendre jeunesse. J'y remarquai principalement la justesse des idées et la sagesse des expressions.

Je me chargeai donc avec plaisir de le faire imprimer. Une indisposition m'ayant empêché de remplir moi-même cette mission, l'instruction vous a appris comment je dus m'en acquitter par un tiers et comment aussi je ne pus ni revoir les épreuves, ni hâter, ni surveiller l'exécution, d'où est résulté l'impossibilité réelle de la publication.

L'écrit dont l'examen vous est soumis, est un vrai modèle de raisonnement et de précision; il est aussi un témoignage honorable de la vertu de son auteur.

En effet, cet auteur est un homme qui, quoique héritier d'une grande fortune et élevé au milieu des illusions qu'elle enfante, s'apitoie sur le dénuement du pauvre et gémit de l'insuffisance des moyens auxquels on a recours pour le faire cesser; il fait plus, il reconnait l'incapacité de ceux qui sembleraient appelés à y remédier, soit parce qu'ils ne le veulent pas, soit parce que nos institutions sociales s'y opposent.

Telle est en effet la force de l'habitude, tel est le pouvoir des vieilles traditions, telle est la malheureuse faiblesse du cœur de l'homme, qu'oubliant son origine et sa nature, il se complait dans la supériorité et dans les préférences, se rend facilement insensible aux douleurs de ses semblables et cherche à se créer des droits et des priviléges tous plus abusifs et plus révoltans.

C'est à ces funestes penchans que l'auteur de l'écrit a voulu mettre un frein. Très versé dans l'organisation économique de la société, il s'est proposé d'en rendre les vices sensibles et odieux à ceux-là mêmes qui en profitent. Cette idée m'a souri, et j'ai cru faire une bonne action en aidant à l'accomplissement de cette œuvre d'une si haute moralité.

Je dis d'une si haute moralité, parce que (ainsi que vous le reconnaitrez vous-mêmes) les faits qui s'y trouvent clairement décrits constatent, avec une vérité frappante, l'existence d'un ordre de choses véritablement affligeant pour les âmes pures et pour les esprits judicieux et justes.

Il a consacré dans son écrit cet axiôme de l'économie politique : « *Que le travail est la source de la richesse* ». Qui pourrait donc contredire cette vérité qui est à la portée des plus ignorans? — Trouverait-on qu'il est séditieux de la proclamer? Mais combien alors ne suis-je pas criminel moi même qui ai osé dire dans un ouvrage publié récemment : « *Que l'oisiveté est un larcin.* » Pourrait-on prétendre qu'en posant ce principe j'ai outragé les oisifs? Que j'ai voulu dire qu'ils étaient tous des voleurs? — La conséquence serait par trop rigoureuse; mais ce n'est pas moi qui l'ai tirée, et je ne puis en être responsable, bien que le principe d'où elle découle reste dans toute sa force et sa pureté.

Que la plus forte partie du travail aille accroitre le revenu et la fortune de celui qui ne travaille pas, c'est encore un fait que personne ne saurait contester : chacun l'aperçoit et il ne peut être criminel d'écrire ce qui, depuis long-temps, est de la dernière évidence.

Mais l'auteur a dit aussi : « *Que le pauvre paie tous les impôts, et que le riche ne paie rien.* » L'accusation dira-t-elle que cette assertion est fausse, qu'elle est calomnieuse? Mais dans ce cas, comment aurait-elle qualifié celle-ci : « *Le pauvre paie et le riche s'empare de tout ce qui sort de la poche du pauvre.* »

Pourriez-vous en douter? Mais alors nous vous fournirions immédiatement la preuve de cette vérité, en mettant sous vos yeux le numéro du *Journal de Commerce* du 28 novembre dernier qui renferme l'extrait d'un ouvrage de M. Martin de Saint-Léon, ancien élève de l'Ecole polytechnique, où il est démontré mathématiquement que depuis 1797 jusqu'à ce jour, les diverses taxes qui pèsent sur les pauvres de Paris ont produit six cent millions, et que toute cette énorme somme a été employée à augmenter d'autant la valeur des propriétés de la capitale et enrichir par conséquent d'une pareille somme les propriétaires qui les possèdent.

Ce fait seul n'explique-t-il pas comment il arrive qu'il y a dans Paris 200,000 individus qui ont besoin d'être secourus par les bureaux de bienfaisance et comment le maire du 12me arrondissement demandait une fourniture de paille aux écuries du roi pour 24,000 malheureux mourant de froid et ne sachant où se coucher.

Et tout cela ne démontre-t-il pas jusqu'à l'évidence que dans la répartition des richesses du pays les uns ont beaucoup trop et les autres pas assez. De cette énorme inégalité naît tout le mal social.

Il y a en France 10,296,783 cotes foncières. L'estimation du revenu calculée à six fois la valeur de l'impôt donne 1,465,514,238 francs.

On a prétendu faussement que cette somme était partagée entre autant de propriétaires qu'il y avait de cotes. L'ancien état des éligibles ne comptait que 16,000 individus payant plus de 1,000 fr., dont 12,800 propriétaires.

En retranchant, des 140,000 électeurs éligibles actuels, les patentés qui forment le cinquième, il reste 80,000 électeurs payant 200 fr. et au-dessus, et 32,000 éligibles payant 500 francs et au-dessus. Chaque individu possède, terme moyen, cinq cotes. En évaluant leur revenu au sextuple de l'impôt on n'aurait, pour ces 32,000 oisifs, qu'un résultat inexact, puisque, dans quelques départemens, l'impôt n'est que le 12me et même 18me, et qu'on s'en rapporte, surtout à Paris, aux déclarations souvent fausses des propriétaires.

En élevant donc avec plus de vérité le revenu à dix fois l'impôt, nous avons pour revenu total 1,119,560,660 francs dont jouissent 32,000 individus, à raison d'une moyenne de rente de 42,000 francs pour chacun d'eux.

Le reste du revenu de la France n'est pas partagé entre plus de 250,000 individus.

C'est en regard de ces calculs, dont l'exactitude est constatée, qu'on avait proposé comme remède, non radical sans doute, l'impôt progressif. Aussitôt les aristocrates de toutes les nuances l'ont combattu par de faux argumens. Sans en nier la justice, ils ont prétendu en prouver l'impossibilité et l'insuffisance; et en l'établissant, non sur le revenu, mais sur les cotes actuelles, ils ont voulu démontrer que le produit en serait moindre que celui de l'impôt actuel. Ils ont sciemment confondu les choses. Ils ont pris une fausse base pour leur calcul, afin de rendre les chiffres complices de la mauvaise foi avec laquelle ils traitaient la question.

Or, l'impôt progressif, porté au quart du revenu, produirait 280,000,000 fr., tandis que l'impôt foncier actuel ne donne que 240,000,000 fr., c'est-à-dire 40,000,000 de moins que l'impôt progressif, qui d'ailleurs soulagerait le peuple, dégrèverait les chaumières, permettrait de supprimer une infinité de taxes qui pèsent sur les pauvres et d'abandonner une foule des petites cotes de trois, cinq ou dix centimes prélevées sur des mendians.

L'impôt progressif est donc possible; de plus il est juste, car c'est un principe de finance proclamé dans toutes nos assemblées que l'impôt doit atteindre le superflu, car la propriété émane de la loi, et la loi qui en règle les conditions peut la modifier sans qu'on ait droit de s'en plaindre.

Opérer cette réforme c'eût été agir dans l'intérêt de l'industrie, c'eût été agir dans le vôtre, *MM.* les jurés, qui, commerçans par vous ou par vos fils, profiteries du dégrèvement du travail. Mais rien dans la société n'est organisé pour ce dégrèvement; tout y tend au contraire à augmenter le revenu des oisifs.

. Aussi voyez quels sont les résultats désastreux de cette organisation sociale; un seul trait prouve combien elle est vicieuse, permettez que je le puise dans un fait remarquable qui s'est passé récemment sous les voûtes même de ce palais :

— Le jeune Grasse, âgé de sept ans, est assis sur le banc des prévenus. Sa figure serait assez jolie si on ne voyait, à ses traits maigres et fatigués, à son teint jaune et pâle, à ses yeux cernés et abattus, que tout jeune qu'il est, il a lutté long-temps déjà avec la misère et la faim.

Il est prévenu d'avoir volé quelques morceaux de sucre à la boutique d'un épicier.

M. le président. — Mon petit bonhomme, pourquoi avez vous pris du sucre? est-ce que vous êtes gourmand?

Grasse. — Ah! non, monsieur; mais maman ne me donne pas de pain, et j'avais pris ce sucre pour le vendre et pour avoir du pain.

M. le président. — Est-ce que vous ne travaillez pas?

Grasse. — Si fait, j'ai travaillé pendant quelque temps à étendre du papier chez un fabricant de papier peint; mais j'ai été obligé de le quitter quand maman a été à l'hôpital, et depuis je ne gagne plus rien; on me dit que je ne suis pas encore assez fort pour travailler.

La mère du prévenu est ensuite introduite: son extrême maigreur, son teint livide annoncent une vie de souffrance et de privations: sa tête est entourée d'un mauvais mouchoir de couleur; sa robe est faite de plusieurs étoffes disparates, et cependant on voit que tous ces vêtemens sont propres; c'est la misère, mais cette misère qui inspire l'intérêt et que le vice n'a pas appelée.

M. le président. — Est-ce que votre fils est un mauvais sujet, que vous ne le réclamez pas?

R. Oh! mon Dieu, non, M. le président; mais il sera mieux partout ailleurs que chez moi, car je n'ai pas toujours du pain à lui donner.

M. le président. — Quel est votre état?

R. Monsieur, je suis frangière : ma fille et moi, nous gagnons dix sous par jour; et encore nous n'avons pas toujours de l'ouvrage.

M. le président. — Mais pourquoi ne cherchez-vous pas à placer votre fils quelque part.

R. Il y a quelques mois, j'ai été forcée d'aller à l'hôpital; j'ai emmené mon enfant avec moi. On l'a mis aux orphelins; mais quand je suis sortie, on n'a pu le garder. Là, on lui avait donné des douceurs qu'il ne trouve pas chez nous: il avait un lit, et nous couchons, moi, ma fille et lui, sur une paillasse, sans couverture; il fesait plusieurs repas, et chez nous il n'y a pas toujours du pain; il n'était plus accoutumé à notre vie. J'aurais voulu le replacer chez son ancien maître, mais il n'y avait plus de place.

M. le président — Mais n'êtes-vous pas mariée?

R. Je suis veuve, M. le président. Jean-Charles Grasse, mon pauvre homme, était carrier, et, vous savez, c'est un état si traître! ça vous écrase un homme. Et mon pauvre mari était si bon! Dieu l'a rappelé. (Elle pleure amèrement.)

On appelle M. Mazet, fabricant de papier peint, chez lequel à travaillé le jeune Grasse.

M. le président. — Monsieur, vous connaissez cet enfant, il a travaillé chez vous.

R. Oui, Monsieur, pendant quelques mois; j'occupe une trentaine d'enfans à étendre du papier.

M. le président. — Est-ce que vous ne pourriez pas en prendre un de plus? Vous voyez sa misère.

R. Mais si depuis qu'il est sorti de chez moi il a toujours été vagabond, je ne m'en soucie pas.

La femme Grasse, vivement. — Non, monsieur, il m'a suivie à l'hôpital, on l'a mis aux Orphelins et ensuite il a travaillé avec moi.

M. le président. — Ce sera un acte de grande charité; d'ailleurs je suis sûr qu'il travaillera bien .. Vous travaillerez, n'est-ce pas, mon petit ami?

Grasse, s'essuyant les yeux avec sa manche. — Oui, monsieur, si on veut me donner de l'ouvrage et du pain.

M. Mazet. — Alors je ne demande pas mieux que de l'employer.

M. le président. — Femme Grasse, engagez votre fils à travailler : donnez-lui de bons conseils, puisque vous ne pouvez lui donner que des conseils : c'est triste pour une mère.

Le tribunal renvoie Grasse de la prévention.

M. le président. — M. Mazet, vous faites une bonne action et le tribunal vous en félicite.

Messieurs les juges, messieurs les jurés, ce sont là les propres annales de vos audiences.

Relever des faits semblables, les raconter tels qu'ils se passent chaque jour devant nos yeux, est-ce là ce que l'accusation appelle *Chercher à troubler la paix publique, en excitant le mépris et la haine contre une classe de personnes*?

Mais quelles personnes? et quelle classe? Les riches!... et depuis quand les riches forment-ils une classe dans l'état? et comment pourraient-ils être légalement classés?

Depuis quand voudrait on d'ailleurs octroyer aussi un brevet d'inviolabilité à messieurs les riches? Ne les a-t-on pas attaqués de tout temps avec une entière liberté? Nos meilleurs auteurs fourmillent d'imprécations lancées contre eux. Nos proverbes, véritables dépôts de l'opinion publique et de la sanction des peuples, ne les ont jamais épargnés. On a parfois loué les bons riches, malheureusement trop rares, mais aussi on a continuellement stigmatisé les mauvais riches.

Mais une voix qui a traversé les siècles et qui est impérissable, celle de Christ, n'a-t-elle pas dit : « Il sera plus difficile à un riche d'entrer dans le » royaume des Cieux qu'à un câble de passer par le trou d'une aiguille? » Cela est bien plus qu'une excitation au mépris et à la haine, c'est un anathème. Eh bien! messieurs les jurés, si le législateur des chrétiens apparaissait dans ce monde et venait répéter cette sentence, croyez-vous qu'il serait loisible à messieurs les gens du roi de l'appeler en jugement et permettriez-vous que l'on vous transformât ainsi en autant de *Ponce-Pilate?* je ne le pense pas.

Les faits sont les mêmes, l'accusation envisagée sous ce point de vue est donc entièrement absurde.

Prétendrait-elle encore que l'écrit incriminé a excité le mépris et la haine contre les *faiseurs de lois*, en racontant trop naïvement comment elles se font? Mais quel mal peut donc résulter pour la société de ces judicieuses observations? Et depuis quand aurait-on la prétention de soustraire les opinions et le vote de nos législateurs, la conduite et la gestion de nos administrateurs à la censure publique?

Le pouvoir d'aujourd'hui serait donc bien plus susceptible que celui de la restauration, car que n'a-t on pas dit, dans le temps, de la loi sur le sacrilège! Pourquoi ne pourrait-on pas parler de celles qui ont été *brassées* dernièrement sur les sucres, sur les céréales, sur les houilles et sur les laines?...

— N'est il pas prouvé que la prime accordée aux raffineurs de sucre suffit pour payer la main d'œuvre et qu'il en résulte, pour les *fabricans de sucre et de bois*, d'immenses bénéfices? Qu'on lise le mémoire de M. Gautier, pair de France, président de la chambre de commerce de Bordeaux. On y verra que la consommation du sucre n'est fermée aux classes inférieures que par des bénéfices exorbitans assurés aux manufacturiers.

— Les lois sur les céréales sont dans le même esprit d'accaparement pour les récolteurs et d'affamation contre le peuple. Qu'on lise encore pour s'en convaincre le discours de M. Duvergier de Hauranne dans la séance de la chambre des députés du 23 mars 1832.

Ces citations, comme on voit, ne sont pas anarchiques. Nous ne nous appuyons ici sur aucun de ces épouvantables promoteurs de lois agraires et autres absurdités qu'on nous attribue si gratuitement.

— Pour les houilles, n'a-t-on pas prouvé jusqu'à la dernière évidence que le système inique qui en prohibe l'entrée n'a été combiné que pour procurer aux actionnaires des canaux des dévidendes énormes, aux propriétaires des mines de Saint Étienne, d'Alais et de Decazes-Ville, le monopole de tous les marchés où leur houille est nécessaire, et à la compagnie d'Anzin des bénéfices qui dépassent annuellement trois millions de francs. La prospérité de nos fabriques, celle de la navigation à la vapeur, les ressources de nos ouvriers, leur bien-être, la ruine de deux de nos principaux ports, Bordeaux et Nantes, par l'absence de toute industrie dans les bassins des fleuves à l'embouchure desquels il se trouvent placés : toutes ces considérations si graves n'ont pu arrêter un seul instant des hommes aveuglés par un sordide intérêt ; et l'on voudrait vous faire déclarer criminelles les tentatives faites pour signaler de tels abus !!

— De la combinaison des tarifs ne résulte t-il pas qu'aujourd'hui la laine commune manque en France; qu'on ne trouve plus de laine à matelas dans le commerce; que la laine à lisière est souvent aussi chère que celle qui sert à tisser l'étoffe; que la production nationale en souffre, parce que nos cultivateurs, tournant toute leur attention sur les laines fines, croisent les races métisées avec les races indigènes, ce qui rend les troupeaux de bêtes communes de plus en plus rares en France; que l'importation et l'emploi des laines communes sont impossibles parce que le tarif les impose de 50 jusqu'à 100 pour 0/0, et quelquefois même plus de leur valeur?...

C'est encore à cette mauvaise disposition de la loi qu'il faut attribuer la chute des nombreuses fabriques qui, dans le Midi, faisaient de la bonneterie et des étoffes grossières destinées à la consommation intérieure, ou à l'exportation pour le Levant, la Corse, l'Espagne, l'Italie et la Sicile.

A Marseille seulement on a vu disparaître 13 manufacturiers qui procuraient du travail à 12 ou 1,500 ouvriers. La même cause a détruit nos manufacturières de tapis ordinaires, a paralisé de nombreuses fabriques de couvertures, de bonneteries et d'étoffes communes à l'usage des classes pauvres.

— Parlerai-je des lois sur les boissons contre lesquelles la clameur publique s'élève sur tous les points de la France? Parlerai-je de la prohibition pour l'introduction des bêtes à cornes qui est presque aussi désastreuse que celle sur les céréales? Parlerai-je........ Mais pourquoi entrer dans tous ces détails? Jetons plutôt un coup d'œil général sur tout ce qui est, et voyons s'il n'y a pas là de quoi justifier la terreur de tous les amis de l'humanité, de quoi les exciter à faire œuvre d'enseignement et de lutte.

Votre société offre cette singulière contradiction :

En haut, tous les droits et pas un devoir ;

En bas, tous les devoirs et pas un droit;

Les maîtres et les salariés : telle est la division laquelle selon se partage la société.

Les maîtres sont seuls : députés, électeurs, jurés, fonctionnaires publics, gardes nationaux, etc. ; seuls ils peuvent acheter l'éducation ; ils peuvent condamner un homme à mort, car ils peuvent lui refuser le travail, et ici il ne s'agit pas de ce qu'ils font, mais de ce qu'ils peuvent. Aujourd'hui le mal social est résumé tout entier dans ce grief : le pauvre sans feu l'hiver, ayant froid, ayant faim, étant tout-à-fait à la merci de ses maîtres. La mendicité, engendrée par les lois, est punie par ces mêmes lois, tandis que tous les genres de prostitutions sont protégés, encouragés et autorisés par elles. . . . . . . . . . . . . . . . . . .

Arrêtons-nous sur ces considérations si importantes et si tristes. Elles sont pleines d'un avenir terrible pour ceux qui ne sauront pas les comprendre.

Maintenant de ce tableau si rapide, si vrai, mais encore bien incomplet de l'état actuel des choses et des dispositions générales des esprits, qu'on reporte les yeux sur l'écrit inculpé, qu'on le lise et que tout homme de bonne foi nous dise s'il y a rien qui puisse justifier l'accusation d'excitation à la guerre civile en portant les citoyens ou habitans à s'armer les uns contre les autres ; accusation dont l'évidente exagération et l'absurdité patente nous dispensent de nous en occuper.

Au lieu d'y trouver un conseil pour la colère et pour l'émeute, n'y trouve-t-on pas au contraire l'enseignement le plus moral qu'il soit permis à un homme de donner à ses frères, celui du devoir qu'ils ont à remplir.

Celui-là exciterait ses concitoyens à la révolte qui leur dirait : « Vos maîtres » sont durs et insensibles ; ils sont fortifiés contre vous dans les meilleures positions sociales ; ce sont des égoïstes qui n'ont aucune pitié de vos misères, » qui détournent les yeux, se bouchent les oreilles et ne veulent ni voir ni entendre ce qui troublerait peut-être leurs plaisirs ; d'ailleurs, ils vous l'enseignent et vous le prêchent d'exemple chaque jour. « La vertu, disent-ils, n'est » qu'un mot. » N'avez-vous pas entendu parler de leurs sales et dégoûtantes jouissances? Tout cela est bon, tout cela est doux à goûter ; c'est avec l'or qu'on » se les procure : jetez-vous donc sur ceux qui le possèdent !... »

Ce serait là, en effet, une véritable excitation ; mais que dit au contraire la brochure incriminée? « Ne vous coalisez pas pour un but aussi mesquin que celui d'une augmentation de salaire. — Vous devez-vous dévouer. — Vous ne devez pas travailler pour vous. — Les riches sont égoïstes, ne les imitez pas. — Demander une augmentation de salaire, ce serait agir dans un but personnel. — Que vos actes soient toujours des actes sociaux. — Dévouez-vous pour que cette amélioration à votre sort appartienne à vos enfans, si vous ne pouvez en jouir vous-mêmes, et pour cela acquerrez et conservez pour vous et pour eux l'exercice plein et entier de vos droits législatifs et politiques. »

Les hommes doivent toujours travailler en vue de l'avenir. D'ailleurs l'homme qui agit pour soi n'a qu'un titre immoral et stérile ; celui qui agit pour les autres peut, à ce titre, beaucoup exiger.

Or est-ce pour lui que l'auteur de l'écrit incriminé propage sa pensée, ses doctrines? Son caractère seul ne répond-il pas victorieusement à l'accusation que l'on a osé diriger contre son œuvre?

Ce serait abaisser et avilir ce noble caractère que de s'arrêter à la combattre. Elle tombe d'elle-même, et votre verdict, messieurs les jurés, va bientôt en faire justice.

Me Michel, avocat des prévenus, prend ensuite la parole. Nous regrettons de ne pouvoir reproduire aussi fidèlement que nous l'eussions désiré cette éloquente improvisation. En voici très imparfaitement les termes :

Messieurs de la cour, messieurs les jurés, j'éprouve en commençant le besoin de vous exprimer les sentimens qui m'animent au moment où je porte la parole dans cette cause. A l'inquiétude et à la tristesse, qui sont les compagnes les plus ordinaires de notre ministère, a succédé une sorte de joie et d'orgueil dont votre indulgence me permettra de vous entretenir et auxquels je voudrais vous associer vous-mêmes.

Ce n'est pas la perspective d'un acquittement presque certain, car ici l'accusation ne me semble avoir d'autre chance que le talent de celui qui l'a soutenue, et la satisfaction de l'avocat est en raison directe des difficultés qu'il rencontre.

Serait-ce donc le caractère honorable, la vie si désintéressée et si pure de mes cliens? ..... Peut-être.....

Mais il y a un sentiment plus énergique qui me possède et remue mes entrailles. L'occasion m'est enfin offerte de dire aussi un mot du peuple, de ce peuple dont je suis fier d'être sorti et auquel j'ai dévoué et je dévoue toute mon existence. (Sensation.)

Le peuple, messieurs, c'est vous, c'est moi ; c'est surtout par sa misère, par son travail, par ses productions diverses, par le courage de sa vie, par le dévouement à toutes les fatigues, c'est le prolétaire auquel il est temps de faire enfin sa part dans le monde pour tous les droits, puisqu'il a déjà le triste monopole des plus âpres douleurs. (Nouveau mouvement.)

C'est donc en faveur du prolétaire que s'est ému un homme qui ne l'est pas, un riche, un citoyen éclairé qui a sondé les plaies de la société et qui en a cherché le remède. Voici, messieurs, comme il a raisonné.

Je demande pardon d'avance à M. d'Argenson de disséquer ainsi son œuvre, mais il faut qu'elle apparaisse ainsi nue et décharnée pour que messieurs les jurés en voient bien le principe et les développemens.

Messieurs, un malaise intolérable travaille en ce moment non seulement notre France, mais l'Europe civilisée. Ce malaise, tout le monde le sent, et c'est avec raison que tout le monde s'en inquiète. Or, à ne regarder que notre population française, il y a là de graves sujets de méditation.

Le fait est apparent; mais la cause où se cache-t-elle?..... N'y en a-t-il qu'une? y en a-t-il mille?. ... Mon client, en creusant cette question, a pensé que la question du budget qui revient chaque année pouvait bien donner quelque éclaircissement.

Singulière position en effet, messieurs. Ces nombreux millions que tant de gens dévorent, qui les fournit? c'est le travail. Mais qui travaille? le pauvre. C'est donc le pauvre, producteur et consommateur, atteint à la fois par l'impôt dans l'une et dans l'autre, qui paie.

Et cependant de cet impôt, le riche s'en fait une arme, un instrument; à l'aide de cet impôt, il est seul électeur, seul député..... Il exerce tous les droits, et il repousse le prolétaire, le travailleur, sans lequel il n'y aurait point de richesse, c'est-à-dire point d'impôt.

N'est-ce pas là une anomalie révoltante!.... Eh bien! voici qui l'est plus encore, ce semble?

Quand le travailleur s'émeut aujourd'hui, il ne semble préoccupé que d'un mince intérêt, l'augmentation de son salaire Il ne comprend pas qu'il y a sous cette question une question plus vaste, son état socia ltout entier, sa position même de salarié. Il ne comprend pas que toute les lois dont il porte le fardeau, et qui viennent réagir sur la modicité de son salaire, sont le résultat nécessaire de l'ilotisme politique dans lequel il est refoulé.

Voilà les faits : voilà un double mal. M. d'Argenson en a indiqué le remède : c'est la représentation complète de tous les intérêts dans ces conseil de la patrie d'où la volonté nationale sort si majestueuse et si puissante.

Telle est donc toute la brochure. Un état ne marche que par l'impôt : l'impôt est le produit de la richesse, la richesse est le résultat du travail. Le travail est sans aucun droit : il faut qu'il ait les siens; il faut que le pauvre soit représenté comme le riche, et quand viendra le jour où le peuple aura sa souveraineté, son premier devoir sera de stipuler ses garanties.

Ici Me Michel entre dans les détails de la cause, et établit qu'il ne saurait y avoir la moindre excitation à la guerre civile dans des réflexions sérieuses émanées d'une conscience éclairée et d'une âme honnête.

M. l'avocat général nous a dit : « Et moi aussi, je suis du progrès. » Je le crois. Mais pourtant il faudrait s'entendre. Le progrès consiste-t-il à séparer éternellement toute une population en deux classes : l'une de privilégiés, l'autre d'exclus; l'une d'exploitans, l'autre d'exploités; l'une de riches, l'autre de pauvres?

Ah! du moins les anciens étaient conséquens. Les philosophes avaient trouvé l'esclavage établi dans les cités; ils le crurent nécessaire à la durée de l'ordre social, et ils firent une théorie (elle est d'Arioste même) qui déclarait que l'esclave n'était pas un homme, et dès lors ils le traitèrent comme une chose..... Je comprends ceci.

Mais vous, gens d'humanité, de progrès, soyez donc conséquens. Ou refaites votre loi politique, ou donnez-lui d'autres bases. Dites hardiment : le prolétaire est une nécessité de notre organisation politique; le prolétaire est à jamais ilote, privé de tout droit. A la bonne heure! Mais, après avoir reconnu l'égalité des citoyens, consacrer l'exploitation des uns par les autres, créer des institutions qui asservissent le travail, qui encouragent l'oisiveté, qui donnent des primes à la fripponnerie heureuse, qui n'ont que du mépris pour la moralité inflexible, c'est là être non seulement iniques, mais illogiques, inconséquens, absurdes. (Sensation.)

Et quand on nous accuse en ceci d'accuser les riches, on se trompe.

Ce sont les institutions toutes faites en faveur de la richesse. Ah! messieurs, celle-ci se défend assez d'elle-même. A part quelques âmes nobles et généreuses qui chaque jour se souviennent de leur devoir, combien d'hommes qui se saturent d'ignobles voluptés; combien qui sacrifient conscience, honneur, dignité humaine à leur plaisir, à leur argent! Combien d'égoïstes tous repus d'orgies brutales qui insultent à la misère!.....

Eh bien! tous ces plaisirs matériels, vous les envions-nous? non. Que vous demande-t-on? De faire une place au peuple qui souffre, qui travaille et qui produit; de permettre que des hommes qui sympathisent avec lui viennent s'asseoir à ces conseils de la patrie où s'élaborent les lois; de lui laisser à lui-même le soin de choisir les hommes dévoués à ses intérêts. Eh! veut-on vous exclure? Non, encore non. Entrez aussi, ayez votre représentation, mais n'excluez pas la nôtre.

Après quelques considérations élevées, Me Michel ajoute :

Messieurs, que gagne-t-on à se dévouer au peuple? Qu'y a gagné mon client qui, depuis vingt ans, remplit avec une constance si généreuse, si admirable cette noble mission? Des tortures de toute espèce au moment du combat, et quelquefois aussi l'ingratitude après la victoire.

Honorez donc aussi vous, messieurs, qui comprenez tout ce qu'il y a de grand dans cet apostolat de liberté, honorez donc les citoyens qui viennent continuer cette œuvre de conscience et de courage. En vain nos adversaires viennent exhumer les pages de l'histoire et nous montrer la démocratie dévorant ses meilleurs et ses plus intrépides défenseurs! D'autres temps amènent d'autres combinaisons politiques. Mais enfin cela serait qu'il ne faudrait pas même se décourager. Le découragement est une lâcheté, le désespoir un crime! Réussira-t-on, ne réussira-t-on pas? C'est un secret qui est au sein de Dieu. Mais c'est une obligation sainte de persévérer dans la voie du bien. D'où sortira le remède au mal qui nous travaille? Eh! qui le sait?

Peut être ce remède est-il dans la tête de quelqu'un de ceux qui m'écoutent; peut-être, parmi ces hommes qui viennent se distraire ici des tortures de la faim par les émotions de la cour d'assises, en est-il qui sont porteurs d'une de ces idées hautes et pures qui concilient la terre avec le ciel, l'égoïsme et le dévouement, la richesse et la pauvreté. Quelque jour il fera entendre sa voix, mais quand les portes du sanctuaire où la volonté nationale se fait entendre s'ouvriront à tous les intérêts, à toutes les convictions, à toutes les douleurs. En attendant il faut travailler à cette réforme, il le faut, car là-bas est une voix qui nous crie : « Marchez, marchez toujours..... Accomplissez enfin l'émancipation! (Vive sensation. Des murmures approbateurs interrompent un instant Me Michel. Il reprend ensuite.)

Messieurs, je descends d'un ciel orageux (1) où s'agitent les passions publiques. Ici tout est calme et grave; la justice a emprunté des formes où se retrouve toute sa majesté. Aussi je me sens plus confiant en votre décision. Bien loin de partager les scrupules du ministère public, vous déclarerez, messieurs, par votre verdict, que les doctrines qui vous ont été signalées sont l'expression d'une âme honnête, d'une conscience éclairée. Vous aussi, messieurs, vous savez ce qu'il y a d'amertume dans la vie du prolétaire. Placés, soit par votre fortune, soit par votre position, dans les priviléges de la loi, vous songerez du moins que cette fortune, cet état sont choses incertaines. Rassurés sur vous, vous songerez à vos enfans, et même vous vous rappellerez que le citoyen traduit devant vous pour ses sympathies populaires a été votre défenseur en 1815, lorsque la proscription se levait menaçante au gré d'une réaction à laquelle vous pouvez aussi être exposés. Vous êtes dignes, messieurs de comprendre cet homme, dignes de l'honorer par un verdict que j'attends de votre équité.

De nombreux murmures approbateurs accueillent cette brillante plaidoirie qui a excité dans l'auditoire la plus vive sensation.

M. l'avocat-général reproduit dans une longue réplique toutes les charges de l'accusation, fait l'éloge des talens de Me Michel, oppose au système du suffrage universel, si lucidement exposé par ce dernier, les restrictions que les lois civiles imposent aux mineurs ; il veut aussi que le peuple soit mis et reste en tutelle; il avance qu'en 1793, il suffisait d'être qualifié de *riche* pour monter sur l'échafaud; enfin pour persuader aux jurés que le prévenu Teste est réellement un provoca-

(1) Il venait de plaider à la première section dans le procès des 27.

teur, il cite avec plus d'art que de bonne foi une partie du passage de la défense de ce prévenu, où celui-ci donne un exemple d'une excitation réelle.

Me Michel répond victorieusement à chacune de ces nouvelles attaques. Il dédaigne de revenir sur le fait de non publication, moyen qui du reste est totalement abandonné par les prévenus Voyer-d'Argenson et Teste ; il distingue très finement les divers genres d'excitation : l'excitation au bien est toujours chose louable ; l'éloquence de M. l'avocat-général, dit-il, est aussi une espèce d'excitation ; enfin, il termine par montrer à la cour comme excitation vraiment coupable et non poursuivie, ces sales pamphlets répandus journellement dans Paris ayant pour titre : « *La Potence ou les sergens de ville, la Bande noire, les Arlequins, la Cour d'assises et Louis-Philippe*, suivi des événemens extraordinaires arrivés à Vienne, à la cour de Henri V, roi de France à Prague, en Espagne et au comité-directeur des républicains-carlistes à Paris ; et où l'on trouve les phrases suivantes dont Me Michel donne lecture :

« D'après les débats qui ont eu lieu devant la cour d'assises de la capitale, osons espérer qu'il en sera bientôt de même dans cette ville. De pauvres ouvriers accusés se sont déjà écriés : Ah ! pourquoi MM. Voyer-d'Argenson, de Puyraveau etc., ne sont-ils pas accusés comme nous ? »

« Ouvriers, vous le voyez, des hommes perfides, avides d'or, d'honneurs et de dignités vous poussent à la révolte, et quand vous ne réussissez pas, vous êtes seuls exposés à la rigueur des lois, parcequ'ils ont soin de se mettre à l'abri de la surveillance de la police ; et si vous réussissiez, pour éviter de remplir leurs promesses impossibles à vous tenir, ils vous feraient mitrailler, comme ces monstres de 93 dont ils se disent les amis. Rejetez les conseils perfides de ces ambitieux ; revenez à la paix, à l'union et aux travaux que nous présente l'autorité contre laquelle on nous conseille de nous révolter. Eux seuls sont les ennemis de notre patrie, les bourreaux de nos concitoyens et les nôtres. Ils nous vouent au pilori, vouons-les à la *potence* !... et le bonheur de la France sera assuré. »

( Cette citation cause un vif mouvement d'indignation. )

Après cette dernière réplique, qui produit le plus grand effet sur l'auditoire ; M. le président demande aux prévenus s'ils n'ont rien à ajouter à leur défense.

M. d'Argenson. — Messieurs les jurés, je ne dirai plus qu'un mot. Il est très vrai, et je ne m'en défends point, que j'ai excité le peuple à revendiquer ses droits politiques. Je me suis moins occupé des moyens, et je repète avec la même conviction : que le peuple a le droit de se constituer, de reprendre l'exercice de sa souveraineté, et de stipuler par lui-même les garanties qui l'établissent. Je verse des larmes de sang en songeant que cette œuvre reste encore à faire après la révolution de 1830. Mais parce que cela n'a point eu lieu, ce n'est pas moins un devoir pour tout citoyen de faire des vœux pour que l'avenir répare le passé. C'est ainsi que j'ai compris ma position, et que je m'y conforme à la chambre et devant vous, messieurs, quel que soit le risque attaché à cette franchise. (Mouvement approbateur.)

Après le résumé de M. le président, le jury entre dans la salle des délibérations, avec quatre questions relatives aux prévenus.

Il en sort vingt minutes après.

M. le président : Avant que le verdict soit rendu, je rappelle au public que toute marque d'approbation ou d'improbation est sévèrement interdite.

Mr le chef du jury, faites connaître votre déclaration.

Le chef du jury : Sur les quatre questions, la réponse du jury est : Non, les prévenus ne sont pas coupables. (Vif mouvement de satisfaction.)

M. le président prononce l'acquittement de MM. Voyer-d'Argenson, Teste et

[illegible]

# DES ROIS DE FRANCE,

PRÉCÉDÉS D'UNE NOTICE,

PRIX DE CHAQUE LIVRAISON, 64 PAGES ET UNE VIGNETTE SUR ACIER,

**50 CENT.**

Nota. L'éditeur croit devoir prévenir le public que son édition est complète et non tronquée, comme celle, par exemple, publiée en 1831, dans laquelle, et cela mérite d'être signalé, on a fait disparaître le discours préliminaire en entier. Voir le prospectus pour plus de détail.

## *LES CHAINES DE L'ESCLAVAGE,*

**PAR MARAT,**

Un vol. in-8. — 2 fr. 25.

## OPINION

## DE GEORGES COUTHON.

PRIX : 20 CENT.

## Histoire patriotique

## DES ARBRES DE LA LIBERTE,

PAR GRÉGOIRE, 1 VOL. IN-18.

## *OEUVRES*

## DE SAINT-JUST,

1 VOL. IN 8. — 2 FR. 50.

## OPINION DE CAVAIGNAC,

**1 SOU.**

## OPINION DE NOEL POINTE,

**1 SOU.**

www.ingramcontent.com/pod-product-compliance
Ingram Content Group UK Ltd.
Pitfield, Milton Keynes, MK11 3LW, UK
UKHW020549230726
13925UKWH00006B/2482

9 782014 435818